자작나무 숲에 하얀 달이 떴네

자작나무 숲에 하얀 달이 떴네

초판인쇄 | 2022년 05월 10일
초판발행 | 2022년 05월 15일

지은이 | 민병록
펴낸이 | 김경옥
디자인 | 김현림
펴낸곳 | 도서출판 온북스

등록번호 | 제 312-2003-000042호
등록일 | 2003년 8월 14일

주소 | 서울시 은평구 은평로 194-6, 502호
전화번호 | 02-2263-0360
팩스 | 02-2274-4602

ISBN | 979-11-92131-13-9 03810
잘못 만들어진 책은 교환해드립니다.
이 출판물은저작권법에 의하여 보호받는 저작물이므로
무단 전재와 무단 복제를 할 수 없습니다.

자작나무 숲에 하얀 달이 떴네

민병록 시집

온북스
ONBOOKS

| 시인의 말 |

시집을 내면서...

2년 전 「마음이 머무는 자리」의 시집을 쓰면서도
꺼지지 않는 시의 욕구가 계속 남아있었습니다.

기업인·시민운동가·정치인·작가·시인의
다양한 삶을 살아오면서
틈틈이 세계 곳곳을 여행하고 체험하면서
때로는 많은 세상사를 들여다보고 사색하고 느끼면서,

오랫동안 쌓아두었던 가슴 저 깊이 간직한
푸릇푸릇한 사연들과
아름다운 마음들을
세상과 함께 이야기하고 싶었습니다.

시의 언어로 심금을 울리는 싱그런 묘사도 소중하지만
가슴 속에 살아있는 언어로
경험 속에 숙성된 감성으로
영혼 속에 잠겨있는 맑음으로
함께 공감하고픈 생각이 더 컸습니다.

이제, 세월의 향기를 느낄 수 있는 길목에서
한 번쯤은 살만한 세상에
고운 향기를 드리고 싶습니다.

2022년 03월
정도(正道)경영실에서

시인의 말 - 시집을 내면서...　　　_ 004

1부 / 길을 찾아서

인생길　　　_ 012
진실
가을하늘에 그대 꿈이　　　_ 016
산사의 저녁
돌탑　　　_ 018
자작나무 숲
채움과 비움　　　_ 021
황새의 기다림
동행　　　_ 023
연꽃
꿈을 찾아서　　　_ 026
새해 새출발
유채꽃　　　_ 029
마음에 아픔이 오더라도
너라서 좋아　　　_ 032
조약돌
추억여행　　　_ 034
꿀벌
캐나다 천섬　　　_ 038
성공의 길

목차

2부 / 여행을 떠나보자

세상을 크게 사세요	_ 042
들꽃의 미소	
빈 자리	_ 046
또 다른 시작	
인연	_ 049
꽃피는 춘삼월	
땅끝에 간다	_ 052
꿀물	
종이학	_ 055
여행을 떠나보자	
행복	_ 058
공존	
희망을 가져라	_ 060
9월이 간다	
꽃받침	_ 064
너였으면	
달빛 그리운 그곳	_ 066
코스모스	
마음먹기 나름	_ 069
미움	

3부 / 파도의 구애

등대 _074
산으로 간 자연인
사랑이 메마르면 _076
걱정
마추픽추 _078
이것이 인생
펭귄 _081
고운 단풍을 생각하며
시민의 꽃 _084
파도의 구애
낙엽을 밟으니 _087
어머니의 시계
달맞이꽃 _089
어느 봄날
가창오리떼의 군무 _092
좋은 기억은 어디에 두고
홍시 _096
하늘의 계산
분열을 넘어 통합으로 _098
소낙비 내리는 산길

4부 / 불타는 여명

새봄	_ 102
해바라기	
늙어가는 것	_ 105
아픈 추억	
파도의 외침	_ 108
기회는	
사랑이 넘치기에	_ 111
얼굴표정	
화내서 미안해	_ 114
얼룩말을 보면서	
새로운 변화	_ 117
불타는 여명	
코골이의 고민	_ 120
연 날리기	
집착은 사랑이 아니야	_ 122
농부	
화답	_ 125
외로움	
소나무 분재	_ 127
웃으며 살아요	

5부 / 그대 향기롭더라

고민이 사라지면 _ 130
보름달
그대 향기롭더라 _ 134
기차가 거꾸로 달리는 듯
인생은 _ 138
삼세번
봄가을은 어디로 갔나 _ 140
새싹
배려하는 마음 _ 142
나의 선택
그리워한다는 것은 _ 144
사업은 애국
용기를 주는 말 _ 148
심마니
봄이 떠나가네 _ 152
자전거 타기
마음읽기 _ 154
자연을 담은 수석 앞에 서면
해후 _ 158
물 떨어지는 소리

1부 꿈을 찾아서

인생길

누구나 태어나면 인생길 하나 있어
비슷한 듯 다른 그 길을 부여잡고
저마다 울고 웃지

알고선 두 번 다시 가고 싶지 않은
고된 길도 있고
우연찮게 하늘이 문을 열어준
편안한 길도 있지

그러니
알 수 없는 인생의 길을 떠나려거든
사나흘 잠 못 이루더라도
창밖에 나가 반짝이는
별들의 이야기를 곰곰이 들어 봐

좋아하는 길을 나서면
행복이 반겨줄 거고
어둠을 헤치며 도전하는 길을 가면
영광이 기다릴 테니

그 길을
온몸으로 사랑하고 웃어준다면
세상은
한 번쯤 살만한 곳이 될 거야

여행 끝내고
붉은 석양노을을 가슴에 담을 때
지나온 나그넷길이
한 계절 아름답게 피었다 간 꽃이라면
얼마나 좋겠어

진실

진실은 잠시 가려져 있을 뿐
결코 사라지는 것이 아니기에
진실을 감추려는
검은 웃음에 넘어가서는 안돼

진실이 마음에 있는 한
하늘을 우러러 두려움에 떨지 말고
진실의 힘을 믿어야 해

진실을 마주하는 순간에는
함께 하는 응원의 숨결이 있기에
진실의 길로 당당히 나가야 해

추워도 곁불을 쬐지 않는
선비의 절개와 같고
깊은 산속 마르지 않는
옹달샘과 같은

그런 진실은
새하얀 백지 위에 정의라는 두 글자를 쓰는
고결한 양심이고
어두운 밤길을 밝혀주는 밤하늘의
반짝이는 별이기에

앞서가는 자여
거짓이 때로는 진실을 막을지라도
타오르는 절절한 목마름으로
진실의 끈을 결코 놓아서는 안돼

가을 하늘에 그대 꿈이

청명한 가을엔 어둠에 갇히지 말고
벌판으로 나와 넓은 하늘을 보렴

파아란 가을 하늘에 그대 꿈이
뭉게구름으로 몽실몽실 피어 있어

삶이 힘들고 더딜지라도
하늘이 받아준 그 꿈을 잊지 마

바람의 채찍에 뭉게구름이
산산이 물방울로 흩어진다 해도

그대 꿈이 절절하다면
언제라도 따뜻한 숨결로 다시 살아나
가을 하늘에 흰구름 되어 웃고 있을 거야

산사의 저녁

저마다 소망을 안고
산사를 찾던 요란한 발길들 모두 돌아가고

소나무 우거진 산속에 어둠이 내려앉은
고즈넉한 산사의 저녁

스님들의 예불소리 그친 지 오래고
깊은 산에 울려 퍼지던 목탁소리도 고이 잠든 시간

경건한 산사는 까만 정적에 갇힌다
사람들이 남기고 간 세속의 번뇌들 어둠에 묻힌다

간간이 들려오는 애잔한 풍경소리는
바람소리에 실려 온 님의 소식이련가

산사는 태초의 고요 속에 싸여 있는데
오로지 계곡물 흐르는 소리와
잠 못 이루는 부엉이 날갯짓 소리만이
텅 빈 허공으로 은은하게 퍼져 나간다

돌탑

산기슭 계곡에 누군가
작은 돌 몇 개로 층층이
돌탑들을 쌓아놨구나

얼마나 힘들었으면
간절한 마음을
저기에 얹어놨을까

거친 비바람에도
저 소망이
꿋꿋이 잘도 버티고 서있네

산비탈 숲속에 누군가
커다란 돌탑들을
많이도 쌓아놨구나

가슴 속 깊이
무슨 사연이 있기에
어떤 소망이 있기에

저 많은 돌들을
하나하나 옮기고 쌓아 올리면서
무수한 날들을
살 찢기고 땀범벅 되면서

그 절절한 소망을 얻으려
이토록 몸부림을 쳐야만 했을까
구경꾼들이야 그 치열함을
어찌 짐작인들 할 수 있으랴

돌탑이 햇살에 빛난다
소망은
그렇게 간절해야 만이
그토록 피땀을 흘려야 만이
이루어지는 것이나 보다

자작나무 숲

맵시 좋게 쭉쭉 뻗은 눈 덮인 자작나무 숲길을
뽀드득뽀드득 발자국 소리를 들으며 걸어간다

바람도 미안한 듯 조용히 가지를 깨우며 지나갈 뿐
거친 소리 하나 없는 고요만이 흐르고 있다

이런 고요라서 자작나무는
밤마다 별들과 노래하며 편히 잠이 들고
마음의 껍질까지 저렇게 곱게 하해지는 걸까

하늘은 자작나무 끝에 매달려 푸르게 너울거리고
세상은 온통 수정처럼 새하얗고 깨끗해서

아침을 맞으러 간 노루의 발자국과
날마다 하해지려다 아직도 남아있는
나의 검은 마음을

이 고요 속에 순백으로 물든 자작나무 숲속에서는
더 이상 감출 수가 없구나

채움과 비움

아름다운 저 꽃
바람에 흔들리고
비에 젖으면서도

쉬지 않고 조금씩
온몸을 쥐어짜며
꿋꿋하게 피어나더니

한 시절 노닐다가
때가 되어 꽃은 지고
고귀한 씨앗으로 남았네

시들기 싫어하는
추한 모습을 보이지 않고
향기로운 기억만 남긴 채
영롱한 열매를 맺었네

채울 때도 치열하더니만
비울 때는 더 숭고하네

황새의 기다림

산모퉁이 산책길 시냇가에
황새 한 마리가 꿈쩍 않고 물속을 보고 있네

물고기는 보이지 않고
푸른 하늘과 구름이 비치고 바람에 잔물결만 일렁이네

한참 후 돌아오는 길에도
황새는 죽은 듯 그대로 서있네

물고기는 보이지 않고
푸른 하늘과 구름이 비치고 굶주림만 더해가고 있네

가다가 불쌍하다고 생각이 들어 뒤돌아 보니
황새는 여전히 떠날 줄 모르고 힘없이 서있네

자리를 잘못 잡은 줄도 모르고
슬픈 눈으로 하염없이 물고기만을 기다리고 있네

사랑스러운 마음으로 보니
그럴 수밖에 없어서 울고 있는 것만 같네

동행

상대편 입장에서 생각하는 것은
배려입니다

나쁜 점까지 보듬는 것은
사랑입니다

배려와 사랑으로 함께 가면
동행입니다

변치 않고 오래오래 동행을 하면
우리는 하나가 되는
행복입니다

연꽃

한여름의 뜨거운 시간에
순백의 백련과 연분홍의 홍련이
고결한 여인의 모습으로
자태를 드러내고 있다

서늘한 바람결에
연꽃향이
은은하게
멀리 퍼져나간다

연꽃은 맑고 깨끗한 땅을 버리고서
왜 희뿌연 진흙탕에서 살아야만 했을까
흙탕물에 살면서도 더럽혀지지 않는
그 희망을 보여주고 싶어서였을까

시원한 계절을 놔두고
하늘 맑은 시절을 피해서
하필이면 뜨거운 한여름에 꽃을 피우는
이 고행을 택해야만 했을까

모든 꽃들이 제 한 몸 아까워
열매마저 내어주기를 망설이건만
주저 없이 열매와 잎과 뿌리까지
온몸을 통째로 던져주니
하늘 아래 이런 희생이 어디에 또 있겠는가

연꽃의 마음은
그래서 한없이 순결한가
연꽃에는
그래서 부처님이 사시는가

꿈을 찾아서

꿈은 하늘이 사람에게만 준 고귀한 선물이지
그래서 우리는 날마다 꿈을 먹고살아

꿈이 있기에 용기가 생기고
꿈이 클수록 더 큰 용기가 생기는 법이지
꿈도 없이 살아간다면
삶이 얼마나 지루하고 허망하겠어

살아가는 것은 끊임없이 꿈을 찾아가는 일이지만
그 길을 가는 것은 결코 쉽고 순탄할 수만은 없을 테지

꽃 한 송이도
비를 맞으며 자라나고 바람에 흔들리며 피어나지 않던가

그러기에 우리는 부딪치고 넘어지면서도
다시 일어나야 하고
길을 잃고 헤맬 때도 고개 들어 하늘을 쳐다보며
치열하게 꿈을 찾아 나서야 해
청자를 구워내는 도예공의 가마불처럼 뜨거운 마음으로

은장도를 만드는 대장장이의 다듬질처럼 넘치는 열정으로
꿈을 찾아 나서야겠지

우리는 때론 큰 꿈을 이루기 위하여
아무도 가보지 않는 그 길을 가면서
스스로에게 물어봐야 해

눈보라 치는 히말라야 14좌를 기필코
완주하는 산악인처럼
거칠게 도전해 본 적은 있는가

발길 닿지 않는 산간오지를 다니며
곤충들을 관찰한 파브르처럼
미친 듯이 몰두해 본 적은 있는가

그래서 나는 먼 훗날 지나온 나의 발자국을 보며
조금의 미련이나 후회가 남지 않도록
오늘의 나의 꿈을
진정으로 아끼고 사랑해야겠지

새해 새출발

새해 첫날에 뜨는 해가 특별히 눈부신 것은
뜨거운 마음이 거기에 담겨있기 때문이다

지난 허물들을 다 잊어버리고
새로운 소망으로 새출발 하자고
저 붉은 해를 보며 다짐을 한다

꿀벌처럼 일상의 일을 하면서도
마음의 문을 열고 긍정의 눈으로
세상을 크게 보자고 다짐을 한다

그 다짐이
단단한 행동으로 빛나야 하기에

365일 행동하는 길목마다
어둠에 빠지지 않도록 등불을 밝혀야 한다

그래서 가슴이 설레는 새해 첫날은
마음으로 뜨겁게
일년을 다짐하는 출발선이다

유채꽃

산비탈 드넓은 벌판에 유채꽃이 피었더라
눈부시도록 샛노란 꽃천지더라

지나던 새들의 날개 노랗게 반짝이고
날아온 벌들의 얼굴 황금 분칠을 했더라

혼자선 꽃스럽지 못해 서러워하던 유채꽃
무리 짓고선 고운 비단결로 천지를 흔들더라

언제나 빛나더라
유채꽃이 핀 들녘엔 밤은 오지 않고
풀벌레들 잠 못 이루더라

마음에 아픔이 오더라도

그대 마음에 아픔이 오더라도
너무 슬퍼하지 마라
누구라도 산다는 게 아픔인 거다

그치지 않는 비 없듯이
끝나지 않을 듯한 아픔도
결국엔 끝이 나더라

지나가지 않는 일 없듯이
견디지 못할 듯한 아픔도
참아내다 보면
어느새 지나가더라

가슴 후비는 아픔이 오더라도
견딜 수 있을 만큼만 오고
이겨낼 수 있는 힘도
함께 오는 것이기에

하루만 슬퍼하고
또 하루만 견디자

그리하면
슬픔 딛고 기쁨이 오리니

날개 다친 산새도
홀로 나무에 기대어 움츠리다가
햇빛 좋은 날에 날아오르더라

목이 마른 풀벌레도
밤새워 헤매다가
아침이슬 먹고서 단잠에 빠지더라

너라서 좋아

먼 길 떠나 돌아올 때
기다려준 손길이
너라서 좋아

아침마다 따스하게
바라보는 눈길이
너라서 좋아

늘 가까이 있어준
사랑이
너라서 좋아

그런 너라서
지금의
내가 있어

조약돌

쉴 새 없이
부딪히고 깨지고
수만 번을
강물에 씻기고 단단해지고서야

어느 한 곳도 모나지 않은
둥근
조약돌이 되었네

이뻐서 자세히 보니
눈물방울이네

추억여행

아름다운 추억이 있다는 것은 행복이야
방울방울 그런 멋진 세상을 살아왔다는 거고
언제라도 꺼내어 그 행복에 젖어들 수 있다는 거야

아름다운 추억은 내 마음에 그리움을
불러올 수 있는 선물이야
지워지지 않는 지난날의 내 발자취이고
되새길 때마다 은은하게 그때를
다시 느껴볼 수 있는 기쁨인 거야

이런 추억이 없다면 옛날을 잃어버리고
세상을 반쪽만으로 살아가야 하니
돌아갈 곳 없는 방랑자처럼 얼마나 메마른 마음이겠어

추억은 빌려올 수도 없고 돈으로 살 수도 없는 것이기에
일부러 소중하게 만들어야만 해

혼자서 차 한잔 마실 때에나 일하는 중간에
언뜻언뜻 떠오르는 추억으로 미소가 스쳐가면
그럴 때마다 우리는 멋진 추억여행을 갔다 오는 거야

그리움이 너무 뜨거우면
그 추억은 마음에만 머무를 수 없나 보다

그래서 나는 젊은 시절 해안초소에 남기고 온
군인의 흔적을 찾아
남해안 임자도 섬으로 먼 길을 떠나본다

추억 속에 담긴 풍광과 얼굴들은
바닷바람에 모습을 잃었지만
설렘으로 춤추듯 들여다보는 것만으로
그때의 숨결이 물결쳐 온다

먼 데서 바람 불어와 잔잔한 파도에 씻긴
십리 백사장은
추억을 밟고 싶은 내 발자국인 줄 진즉 알았을 거다

꿀벌

꿀벌들은 오늘도
살기 위해서 꽃을 찾는다
십리 길도 멀다 않고 쉬임 없이 꿀을 나른다

보란듯이 꿀은 쌓이고
이제 살만하다고 행복을 느낄 때

인간은 곡간을 열고 꿀을 가져간다
한순간에 그 많던 꿀이
속절없이 사라진다

영문도 모른 채 식량을 빼앗긴 꿀벌들은
말없이 고개를 떨구다가 집을 나서고
더 부지런히 더 멀리 날고
더 많이 꿀을 모은다

인간은 더 많아진 꿀에 놀라 기뻐서
어찌할 줄 모르지만
송두리째 비워지는 것은 언제나 순식간이다

세상은 왜 힘들고
하늘은 또 왜 이리 무심할까

꿀벌들은 살기 위해서
오늘 날개를 접기로 한다

누구라도 살아가면서
삶을 흔드는 갈림길이 오듯이
그들에겐 오늘이 피할 수 없는 그런 운명의 날이다

자유를 위해
거친 광야로 탈출할 것인가
편안함을 위해
길들여진 채로 살아갈 것인가

꿀벌들에겐 지금은 침묵해야 할 시간이다
더듬이를 맞대고
결단을 해야 할 시간이 온다

캐나다 천섬

너 물들고
나 물들어
온 산이 물들면
10월의 캐나다는
천지가 붉은 단풍으로 불타오른다

세인트로렌스 강이 흐르는
온타리오 호수 끝자락에
천사처럼 숨어사는 천 개의 섬
멍석만큼 크고 작은 섬들이기에
더 귀엽고 이쁜 천섬

천섬에도 빨갛게 익은 단풍은
하늘아래 점점이 활활 타오르고
잔잔한 강물마저 붉은 비단이
물결치듯 곱게 일렁거린다

아름다운 천섬에서
얼마나 천사로 살고 싶었으면
섬마다 마당도 없는 작은 집을 짓고

밤새워 하늘의 별을 바라보았을까

자유로운 사랑이 얼마나 그리웠으면
바람소리밖에 들리지 않는
섬마을 오두막 별장에서
애틋한 사랑노래를 쉬임 없이 불렀을까

단풍이 꽃피는 10월이 오면
천섬에 사는 천사들은
소리 없이 섬에 갇힌다

아름다운 석양노을을 가로질러
단풍잎 가지 하나 물고 오는 황새를 보며
못다 이룬 사랑이 그리워 그리워서
사랑편지를 쓴다

성공의 길

성공의 길은
누구라도 갈 수 있지만
아무나 해내는 것은 아니야

그 길은 쉬운 일이 아니기에
피나는 노력이 있어야 하고
고통도 이겨내야 해

그래서 바람은
바람개비를 돌리기 위해
거친 숲길을 힘차게 달려온 거고

어린 새도
허공을 날기 위해
날갯짓을 수 백번이나 한 거야

행여 이런 남의 성공을
너무 가볍게 보고 길을 나서다가
아픔을 당한다면 슬픈 일이 되지

2부 여행을 떠나보자

세상을 크게 사세요

님아
세상은 넓어요
꿈을 크게 가지세요

하늘을 보며
생각도 크게 하고
행동도 대범하게 하세요

뿌리 깊은 민들레가
한겨울에도 끄떡없듯이
인생의 큰 가닥을 잡고
뚜벅뚜벅 걸어가세요

큰 강은 작은 물줄기들을
개의치 않고 흘러가듯이
작은 실패는 큰 성공의 밑거름이니
사소한 일에 흔들리지 말고
대담하게 달려가세요

사람이란 작아지다 보면

한없이 작아져 새가슴이 되지만
통 크게 생각하면
끝없이 커져 어떠한 일도 해낼 수 있지요

그러니
세상을 크게 사세요
크게 살다 보면
많은 것이 보여요

들꽃의 미소

나는
들에 피는
하찮은 들꽃이지

사람들은
나를 한 번도
정성 들여 가꿔주지 않고
이름을 불러주지도 않지만
그리 슬퍼하지는 않아

나는
바람한테 거칠게 사는 법을 배웠고
햇님한테 웃고 사는 법을 배웠기에
어디에서나
꿋꿋하게 살 수 있기 때문이지

그 자리가
비탈질지라도
하늘을 탓하지도 않아

참고 기다리면
따뜻한 햇살이 이곳을
잊지 않고 비추어 주고
시냇물도 밤새워
노래를 불러주거든

다만 나는
이 싱그러운 삶이
너무 빨리 지나갈까
두려울 뿐이야

풀벌레들
즐겁게 찾아오고
밤이 되면 별들이
사랑의 밀어를 속삭여 주는데

푸르던
나의 삶이
짧게 끝난다면
얼마나 아쉬움이 크겠어

빈자리

그대 떠난 빈자리를 나는 서성거리고 있네
단풍나무 가로수길을 따라 돌아올 수 없는 발걸음으로
슬프게 떠난 그대를 생각하네

그대 보고픈 설렘이 아침을 기다리게 하고
해맑은 웃음이 가슴을 뛰게 하던
우리 사랑은 무너지지 않을 영원한 것인 줄 알았는데

그대 떠난 지금에야 알았네
사랑은 조심하지 않으면
유리알처럼 깨지기 쉬운 것인 줄
사랑은 데우지 않으면
물처럼 금방 식어버리는 것인 줄

그대 잃은 슬픔이 이렇게 클 줄 알았다면
나는 결코 가볍게 보내서는 안 되는 일이었는데

그대 없는 빈자리가 이렇게 허전할 줄 알았다면
나는 어떠한 허물도 이해하고 붙잡아야 했는데

나의 작은 이기심 때문에 큰 사랑을 잃었으니
얼마나 어리석은 일인가
폭풍우 칠 때 작은 가지 몇 개 내어주면
잔잔해지는 법이거늘
잠시 마음 흔들려 너무 완전한 사랑을 꿈꾼
욕심에 후회를 하네

떨어진 꽃잎을 보고서야 그 꽃 아름다웠음을 알듯이
떠난 빈자리를 보고서야
깊고도 그윽한 그대의 향기를 알았네

그대 없는 빈자리가 아쉬워
오늘도
우리들의 아름다운 추억 속을 헤매고 있네
행여 올지 모를 그대를 기다리며
간절한 마음으로 기도를 하네

또 다른 시작

살다가 일이 꼬이면
물러서지 말고
일단
부딪쳐 봐

길이 없으면 길을 만들고
벽이 있으면 문을 만들어 봐

그것은
희망의
또 다른 시작인 거야

인연

혼자서는 살 수 없는 세상
누군가와 더불어 함께 살아가야 하는 세상

좋은 인연에 웃고
때로는
슬픈 인연에 운다

그 인연 수없이 오고 가지만
눈길만 주고 바람처럼 스쳐가더라

그 인연 날마다 만나지만
어떤 인연인지 알 수 없어 애석하더라

꽃처럼 아름답고
인생도 달라지는
그런 인연을 찾아

우리들은 오늘도
기도하는 심정으로
이 풍진 세상을 나선다

꽃피는 춘삼월

햇살 좋은 어느 봄날에,

섬섬옥수의 섬진강 강변을 거닐며
철없던 어린 시절의
풋풋한 추억을 떠올려 본다

붉은 노을이 걸친 언덕 위
하얀 벤치에 앉아
진한 커피 한잔을 마시며
아직도 가슴에 남아있는 어린 시절의
애잔한 꿈을 그려 본다

실바람 부는 어느 봄날에,

화개장터에 울려 퍼지는 남도 사투리는
살맛나는
잔잔한 인정을 느끼게 한다

쌍계사 불경소리를 먹고 자란
눈부신 십리벚꽃이

잊혀진 여인의 화사한 웃음으로
내 앞에 다가온다

꽃피는 춘삼월에 감춰진 나의 사랑은
떨리는 설레임으로
아지랑이 따라 나들이를 간다
작아진 나의 마음이
어느새 솜처럼 부풀어진다

땅끝에 간다

새들도 날다가 망망대해에 놀라
황급히 발길을 돌리는 곳
바람도 지나가다 끝없는 바다가 싫어
잠시 머뭇거리는 곳

그곳은 땅끝
땅의 끝이기에 누구라도
더 이상 갈 수 없어 발걸음을 멈춘다

그곳은 바다가 지키는 땅끝
푸른 바다가 매몰차게 길을 막아서고
마음은 기댈 곳 없어 허공에 흩어진다

아 뒤돌아서면
그곳은 다시
땅이 시작되는 곳이고
새로운 희망이 올라오는 곳이다

우리는 때론
끝이라서 그리운 땅끝에 간다

끄트머리 땅의 그림자가 숨어 지내는
신비로운 모습이 보고 싶고
탁 트인 하늘 아래
땅과 바다가 처음으로 손을 잡는 그곳에서
아름다운 꿈을 꾸고 싶기 때문이다

우리는 때론
슬픔을 잊으려고 땅끝에 간다

그 슬픔이 한 걸음도 나아갈 수 없는
땅끝의 슬픔과도 닮았기에
위안을 받으러 가고
울며 돌아서다가 나도 모르게
뜨거운 희망을 안고 오기 때문이다

꿀물

어릴 적 어머님이
타 주시던 시원한 꿀물
지금은 아내가
벌화분 로얄제리 섞어 타주는 건강한 꿀물

어머님의 사랑에 젖는다
아내의 정성에 녹는다

나에겐 모두가
생명수 같은
달콤한 꿀맛

종이학

종이학을 곱게곱게
접고 있는
작은 손

하나를 만들 때마다
간절한 소원은 익어가고

저 여린 마음속에서
종이학은 살아나
날마다 천 번도 더 날아오른다

여행을 떠나보자

여행은 우리에게 즐거움도 주지만
앞날의 빛이 되기도 하고
마음의 약이 되기도 하지

그러니 우리
마음이 답답하거나
삶이 지루할 때면

다른 일 제쳐두고
그냥 훌쩍
여행을 떠나보자

따사로운 햇살이 노닐고
바람 따라 밤하늘의 별들이 떠도는 그곳에서
생기 넘치는 노래를 불러보자

때때로 우리
마음이 아프거나
사는 모습이 초라해질 때면

다른 일 제쳐두고
귀찮아하는 몸을 달래어
여행을 떠나보자

시골장터의 땀방울이 있고
산골 할머니의 넉넉한 이야기가 들리는 그곳에서
슬픔을 이기는 힘을 길러보자

이렇게 우리
시간이나 돈보다는 부지런함을 가지고
언제든 가볍게
여행을 떠나보자

여행으로
넓은 세상을 만져보고
단단해져 보자

행복

꼬마 아씨 앞세우고 식구들 가을 나들이 간다
우리 아씨 알룩달룩한 색안경으로
한껏 멋을 냈다

공놀이하다 넘어져도
즐겁기만 하고
김밥은 식었어도 누구 하나 불평 없으니
더욱 맛나다

웃음소리 울려 퍼진다
억새풀 속에서 박새 한 마리가
떠날 줄도 모르고
이 행복을 훔쳐보고 있다

파란 가을 하늘도
멀리 비껴나 웃고 있다
가끔씩 부럽다 손짓하며 바람을 보내준다

공존

울창한 숲속이
짙고 푸르러
부러움에
다가가 보니

햇살과 바람을
그리워하는
키 작은 어린 나무들의
볼멘소리가
어두운 숲길을
서성이고 있네

조금씩 양보하며
시원스레
솎아주고 가지치기하고서야
숲속은 다시
서로서로
밝은 미소를 주고받네

희망을 가져라

울지 마라
산다는 게 누구라도
아픔은 있는 거다

희망을 가져라
참다 보면 누구라도
새로운 내일이 오는 거다

병마와 싸우는 아픔 속에서도
가난에 허덕이는 슬픔 속에서도
우리는 결코 쓰러져서는 안 된다

실패에 빠져있는 좌절이 있어도
과로에 지쳐있는 고통이 있어도
우리는 희망을 가져야 한다

아프면 아픈 대로 오늘을 보내고
슬프면 슬픈 대로 내일을 보내며
어쩔 수 없는 어둠의 시간을 받아들이자

자책하지 말고 티내지 말고
견디는 법을 터득하자
갈 길을 가고 할 일을 하고
아무 일 없는 듯 사람을 만나자

물살이 회오리쳐도
강물은 유유히 흐르고
바람이 휘몰아쳐도
숲속은 그대로 푸르나니

그렇게 차분히 순응하고
희망으로 견디다 보면
아픈 기억을 가슴에 묻고
긴 호흡으로 지내다 보면

끝나지 않을 것 같던 어둠은 사라지고
밝은 새벽이 오더라
언젠가는 생각지도 않는 기회가 생기고
새로운 희망이 찾아오더라

9월이 간다

우리네 인생살이가
시절이 좋으면
시간 가는 줄도 모르나 보다

엊그제 9월이 오는가 싶었는데
어느새 9월이 간다
9월의 달력을 넘긴다

한 장의 달력을 넘기는 것은
단지 종이 한 장이 아니라
어떤 인생을 넘기는 거다

누군가는 이 9월에
평생을 함께 할
뜨거운 사랑을 만났을 거고

누군가는 이 9월에
인연의 끈을 놓아야 하는
아픈 이별을 겪었을 거다

누군가는 희망을 보아서
가슴이 벅차오른
푸른 9월이었을 거고

누군가는 절망의 늪에서
잠 못 이룬
슬픈 9월이었을 거다

이제 가을이 깊어간다
맘껏
보고픈 사람을 그리워하자
가슴에 있는 사람을 사랑하자

꽃받침

꽃은 혼자서도 아름답지만
꽃받침이 있기에
더욱 화사해

꽃받침은
아무도 봐주지 않아도
불러주는 이름마저 없어도

흔들리면서 바람한테
함께 사는 법을 배웠기에
슬픔보다 기쁨을 즐길 줄 알지

그래서 꽃을 위해서라면
웃으면서 기꺼이
꽃받침이 되어주는 거야

너였으면

사랑이 물안개처럼 피어나
날마다 아침이 설레는
너였으면

사랑에 아픔이 오더라도
흔들리지 않고 잘 견뎌주는
너였으면

사랑이 잠시 멈추더라도
좋은 날이 다시 오리라 기다려주는
너였으면

그런 너를 위해
아낌없이 벌거숭이가 되는
나였으면

달빛 그리운 그곳

햇살마저 호박넝쿨처럼
꼬불꼬불 내려오고
산들바람은 가는 길도 잊은 채
지붕 위에서 노니는 산골

산새들은 자기 집인 양
앞마당에서 유유히 놀고
도란도란 사람소리 들리는
산기슭의 긴 하루해가
느리게 떨어지는 마을

담장 너머로
이웃간 인정이 넘나들고
세상사 걱정거리도
웃음진 삶으로 녹아나는 넉넉한 곳

이런 평화스러운 풍경에 잠기면
우리는 둥둥 떠도는 구름이 되고
마음 속까지 푸르러지니

생각도 덜 하고
천천히 걸으며
한없이 여유스러워져 보자
매미마저 서러워 울고 가도록
한껏 산골스러워져 보자

눈빛 맑은 그대여
내 마음 헝클어져 우울한 날에
내가 보이지 않거들랑
달빛 그리운 그곳에
나 머물고 있는 줄 아시게나

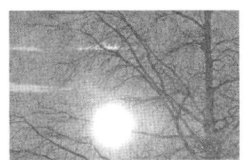

코스모스

파란 가을하늘 아래 활짝 핀 코스모스
연분홍 얼굴로 수줍은 듯 가을을 사랑하네
작은 바람에도 하늘하늘거리는 모습
간지러워 비비꼬는 우리 누이 닮았네

넓은 벌판에 흐드러지게 핀 코스모스
같은 듯 다른 분홍빛이 어우러져
아기자기한 양탄자처럼 너무 이쁘네
우리도 하나 되어 손에 손잡고 꽃길을 가세

코스모스는 말하네
실바람에도 잘 흔들리는 것은
바람을 쉬이 부르기 위해서이고
구경꾼들 마음을 흔들어놓고 싶어서라네

흔들리기 위해서는 가벼워져야 한다고
그래야 비워진 마음에
청명한 가을을 담을 수 있다고
코스모스는 오늘도
바람보다도 먼저 흔들리고 있네

마음먹기 나름

오늘도
계단을 오른다

몸이 가볍다고 생각하면
두 계단씩도 거뜬한데

무겁다고 생각하면
한 계단씩도 힘들다

마음먹기 나름이더라

할까 와 말까
성공 과 실패
모든 세상살이도 다 그렇더라

미움

살아가면서 우리는 누구라도
아끼고 사랑하는 사람이 있지
그의 말은 언제나 달콤하고
무엇이든지 해주고 싶은 마음이 가득하지

그렇게 소중한 사람이 어느 날 갑자기
돌아섰을 때 그 허망함은 어떠하겠어
언제나 내편에 서서 공손하던 사람이
불손한 모습을 보일 때
가슴 시린 슬픔은 얼마나 크겠어

사람을 바라볼 때
실망은 기대할수록 더 크게 오고
미움은 사랑할수록 더 깊게 오는 건가

함께 해야 하는 소중한 사람끼리
미움을 안고 살아간다면
이건 결코 있어서는 안 될 큰 아픔이야

미움을 지우려고 철 지난 바다로 여행을 떠난다

어제는 미움을 감춰야 한다고
밤하늘 별을 보면서 몇 번이고 다짐했고
오늘은 이 질긴 미움을 없애려
스치는 바람에 모두 실려 보낸다

그러나 슬프게도 언뜻언뜻 미움이 되살아나
멍든 마음을 괴롭히는 것은 왜일까
상처는 아물지만 그 상흔만은
지워지지 않는 것이라서일까

이 미움을 버리고 다시 사랑으로 돌아가야 하는데
아직도 내 마음이 왜 이리 흔들리는 거야

생각을 그 처음의 모습으로 바꾸는 것이
쉬운 일은 아니겠지만
그래도 여행 끝내고 돌아가는 날에는
미운정 덮고도 남을 사랑을 다시 품고서
홀가분하게 떠나야 하겠지

3부 파동의 구애

등대

아무도 찾지 않는 외딴곳에
거친 바람 맞으며
쓸쓸히 서있는 등대

햇살 모이는 한적한 오후에
산새들 쉬어가고
흰구름 유유히 비껴가지만

어두운 밤이 되면
한 줄기 빛으로
지친 배들을 불러와
편히 잠들게 해주지

갈 길 잃고 헤매며
어둠에 갇혀있을 때
말없이 곁을 지켜주던 그대도
나의 길라잡이 등대였어

산으로 간 자연인

도시에서 살다가 훌훌 털고
산으로 간 자연인

가진 것 하나 없고 명예도 없건만
얼굴에는 옛날의 그늘 대신 행복과 여유가 가득하네

약초 캐다 목욕하고 밭일하다 낮잠 자고
오로지 개와 닭과 산새들이 친구요
사시사철 변하는 하늘과 산이 이웃이지만

교만과 탐욕이 사라지고
일상을 괴롭히던 스트레스도 없어지고
이제는 마음을 살찌우는
자유와 만족을 느끼며 즐겁게 살아가네

맑은 영혼으로 밤하늘의 달과 별을 노래하고
지천에 핀 들꽃의 달콤한 향기를 사랑하네

마음으로 동경하는 반쪽 자연인들은
주말에 산을 오르는 걸로 그 그리움을 달랠 뿐이네

사랑이 메마르면

우리 딸 취업됐다
엄마는 딸 덕분
딸은 엄마 덕분

우리 아들 취업 안 됐다
엄마는 자기 때문
아들은 자기 때문

그런데 사랑이 메마르면,
엄마는 아들 탓
아들은 엄마 탓

걱정

어제 새벽에 또 아내는 배를 움켜쥐고
속 쓰림에 몸부림쳤습니다
걱정 어린 마음으로 옆에서 지켜볼 뿐이었습니다

차라리 내가 대신 아파버리고 싶었습니다
아무것도 해줄 수 없는 것이
더 큰 아픔이었습니다

속쓰림이 자꾸 생기면 완치될 때까지
치료를 해야 하는데
좀 괜찮아진 듯하면
약 복용을 중단해버리니 이런 일이 반복됩니다
어쩔 때는
아내가 안쓰럽다가도 밉도록 야속해집니다

그래도 내 마음 속 깊은 언저리에
자리 잡고 있는 것은 언제나

걱정 안쓰러움 사랑
입니다

마추픽추

아~
마추픽추
세상도 놀라서 애처로운 땅

하필이면 까마득한 절벽 위 봉우리에
왜 신기루 같은 공중 도시를 만들었을까
왜 기나긴 세월을 구름 속에서 숨어 지냈을까

사람 발길 닿지 않는 곳
새들도 날지 못하는 곳
그곳은 하늘만큼 높고 높아
땅에서 오르려 말고 차라리 하늘에서 내려오자

안갯 속에 터를 잡은 잉카인들아
땀으로 얼룩진 돌들을 옮기느라
가슴에 진한 핏물을 얼마나 흘렸느냐

고향 잃고 머나먼 길을 떠나온 잉카인들아
달빛 새하얀 밤마다 천 길 낭떠러지 강물에
집시의 눈물을 얼마나 뿌렸느냐

하늘과 봉우리 그 좁은 사이로 구름이
가늘게 조각나며 흐른다
잘 익은 햇살에 날개 반짝이는 콘도르는
마추픽추의 기운을 타고 절벽을 넘나든다

옛날의 손길이 그리워
돌부리도 풀뿌리도 새로이 돋아나는 땅
구름 타고 신선처럼 살다 간
잉카인들의 영혼이 깃든 땅

주인 없는 어린 라마들이
절벽 끝에서 바람 타고 유유히 놀듯이
호흡 끊어지지 않을 만큼
안개보다도 더 천천히
구름보다도 더 느리게

세상 사람들은 저마다의 두려움으로 쉬임 없이
그 땅을 오른다
그 슬픔을 오른다
잉카인들을 따라 마추픽추를 오른다

이것이 인생

과거를 버리지 마세요
들춰보며 향기를 맡아보세요

현재는 후회 없도록
한바탕 신명나게 춤을 춰봐요

미래는 마음대로 가지세요
상상할수록 커지는 요물이니까요

이것이 인생이죠
뜨거운 가슴으로
흔들리면서 꽃피우는
운명 같은 거죠

이것은 하늘이 우리에게 준
소중한 선물인 거죠

펭귄

얼마나 사람이 부러웠으면
사람 모습이라도 흉내를 내고파서

하늘을 나는 날개마저 버리고
짧은 두 발로 뒤뚱뒤뚱 걸을까

얼마나 사람의 사랑이 부러웠으면
사람의 진한 사랑처럼 아낌없이 모두 주고파서

엄동설한에 마지막 털이 없어질 때까지
사랑을 맹세하고
뱃속 먹이까지 토해내며 새끼를 먹여살릴까

눈보라 치는 뉴질랜드 남극 섬에
조그만 햇살이 들어오면
환해지는 펭귄의 눈동자에도
청순한 사랑이 찾아든다

수평선 너머로 두리번거리는 펭귄의 그림자에
그리운 사람의 모습이 어른거린다

고운 단풍을 생각하며

단풍은 혼자 있지 않고
함께 있어서
더 아름답더라

단풍은 자기 색깔을 뽐내지 않고
함께 어울리기에
울긋불긋 더 예쁘더라

단풍은 그래서 볼수록 좋더라
형형색색의 단풍은 단조롭지 않아서
시간이 지날수록 그리워지더라

꽃도 마지막 한 번은
햇살에 얼굴 붉히며
화사해보고 떨어지듯이

그리움도 마지막 한 번은
지독한 그리움으로
열병을 앓고 잊어버리듯이

단풍은 푸른 잎들이 푸르러서 행복했다고
마지막으로 한번
멋지게 치장하고 환하게 웃는 모습이더라

전에는 단풍이 그렇게 예쁠 수가 없었는데
지금은 이쁘면서도 한켠에
쓸쓸함이 묻어나고 그리움이 스쳐가는 것은
무심한 세월 탓일까

단풍이 지면
또 세상은 앙상해지고
찬바람 불어오겠지만

마음에 그리움 남기고 간
고운 단풍을 생각하며
이 추운 세월을 이겨내야겠다

시민의 꽃

시민이
시민의 힘으로
시민을 위하여
봉사로 하면
이것은 시민운동

시민이
시민의 탈을 쓰고
부담이 되는 돈으로
개인의 영달을 위해
직업으로 하면
이것은 사이비 시민운동

그러니
시민의 힘이 생기게 하려면
깨끗하고
정정당당하고
권력에 눈멀지 말고
돈에 초연해야 하겠지

시민의 힘에는
시민이 있어야 하고
맑고 고운 영혼이 넘쳐나야 하겠지

권력 주변에서 일하는 머리꾼에도
뜨거운 아스팔트 위에서 외치는 함성에도
노숙자들 밥 퍼주는 주걱에도
어린 학생들 등굣길의 교통 깃발에도

봉사와 사랑과 진심이 담긴
시민의 정신이
언제나 가득 차 있기를 빈다

사시사철 아름다운 꽃들이 피어나듯
방방곡곡에
밤낮없이
시민의 꽃들이
아름답게 피어나길 간절히 빈다

파도의 구애

바다는 말벗 하나 없는 혼자라서
밤마다 외로워 울기에 저렇게 짜나 보다

그렇게 외롭게 외롭게 살다가
어쩌다 땅을 만나면 얼마나 기쁘랴

그래서 파도는 밀려왔다 갔다 하면서
땅에게 말을 거나 보다

쉬임 없이 부딪치고 또 부딪치며
친구 되어 달라고 조르나 보다

외로워 본 사람은 안다
땅을 향한 파도의 저 눈물겨운 구애를

낙엽을 밟으니

나뭇잎이 떨어진다
바람 없이도 허망히 떨어지지만
결코 쉬이 떨어지는 것이 아니다
필사의 노력으로 매달리다가
마지막 힘이 다하여 추락하는 것이다
추락하면서도 허공을 붙잡으려는
저 몸부림이
눈물겹도록 애처롭다

낙엽이 쌓인다
땅 위에 흩어져 나뒹굴지라도
외롭지 말라고 겹겹이 쌓인다
낙엽 쌓인 숲속은 온기가 가득하여
작은 생명들이 꿈틀거린다
낙엽을 밟으니
지나온 세월이 밟히고
지울 수 없는 아쉬움과 회한이
낙엽 따라 아프게 바스락거린다

어머니의 시계

하얀 이를 들어내고 꾸밈없이 웃으시던 어머니
떠나신 지 벌써 삼십여 년이 흘렀지만
생각만 해도 그 품 속은 언제나 따뜻해

시집올 때 사 오신 어머니의 시계
멈춘 지 오래지만
세상살이 애환이 얼룩진 어머니의 유품

하잘 것 없는 것이라도 추억이 담기면
누군가에게는 혼이 살아나는 보물이 되지

어머니의 커다란 벽시계가 거실에 있기에
어머니랑 더 자주 눈을 마주칠 수 있어서 좋아

어머니랑 손잡고 놀러 가던 기억들과
맛있는 걸 먹던 추억들과 웃고 즐거워하던 모습들과
그리고 어머니의 소소한 사랑이 사랑이.....

이렇게 좋은 생각들이 떠오르는 것은 아마도 살아생전에
어머니와의 각별한 사랑이 있어서 일까

달맞이꽃

세상 속 밝은 빛이 다 물러나고
산새도 둥지를 찾을 때면

기지개를 켜던 달맞이꽃
달빛 따라 어여쁘게 꽃을 피운다

은은하게 너울대는 달빛에 취해
노란 꽃잎들이 덩실덩실 춤을 춘다

한낮의 뜨거움도 참아내고
그리워하다 만난 기쁨으로
밤하늘을 노닐다가

달빛 사라지는 아침이 오면
꽃은 시들어 기쁨마저 없어지고

또다시 찾아오는 슬픈 기다림에
하얀 달빛 그리워하며
마음을 달랜다

어느 봄날

꽃은 일부러 꾸미려 하지 않고
자기 색깔의 옷을 입을 뿐인데도
어여쁜 꽃이 되더라

꽃은 일부러 서두르지 않고
때에 맞춰 꽃망울을 터뜨렸을 뿐인데도
탐스런 꽃이 되더라

저 꽃 아름다워 먼 길 날아온 나비는
꽃잎 하나 떨어질세라 날개를 접고
꽃봉오리에 살짝 앉더라

저 꽃 향기로워 숲속에 살고 있는 어린 새는
꽃향기 흩어질세라 앉지도 않고
꿀 향만 맡고서 그냥 가더라

응달진 기슭의 꽃은
먼저 핀 저 언덕 위 꽃을 부러워하지 않고
따스한 자신의 봄날에 피어나기를
꿋꿋이 기다리더라

큰 꽃 그림자에 가려진 초라한 꽃은
한점 부끄럼 없이
자기로운 향기로
우리 마음에 꿈을 주더라

숲길 가다 고운 꽃을 탐내
무심코 꺾으면
마주치는 얼굴에 미소를 주지 못할까
그 꽃 마음 아파하더라

바람 부는 어느 날 한껏 부풀던 꽃이
시들어 떨어지면
비로소 봄을 잃은 슬픔으로
그 꽃 말없이 울더라

고운 꽃은 행복 넘치게
한 시절 아름답게 피었다 가는데
보고픈 내 님은 아직도 오지 않아
나는 나의 봄을 결코 보내줄 수 없더라

가창오리떼의 군무

남쪽나라 내 고향 초겨울 하늘에는
아직도 따뜻한 햇살이 남아있다네
그럴 즈음엔 수 십만 마리 가창오리떼가
빈 하늘의 주인이 된다네

가창오리들이 황금빛 갈대숲이 우거진
고천암 호수에서 물결 고운 햇살에 노닐다가
서쪽 하늘이 물들고 밭일하던 아낙들이
허리 펴고 집으로 가는 저녁 무렵이면

그들은 떠나온 고향 하늘이 그리워서
너나 할 것 없이 한 덩어리로
하늘을 날아오른다네

비상하며 물을 박차고 오르는 소리
하늘을 뒤덮을 듯
좌에서 우로 때로는
낮고도 높게 춤추는 현란한 군무

하늘을 무대 삼아 거칠게 휘몰아치는

변화무쌍한 곡예
접히는가 하면 펴지고
작아지는가 하면 커지는 부드러운 춤사위

잠시 동안 검은 바람이 회오리치는 듯
오로라가 너울거리는 듯
석양노을을 등지고
수 십만 마리 가창오리떼의 군무가
아름답게 펼쳐지다가
어느새 소리도 없이 무섭게 정적에 갇힌다네

어둠은 서서히 내려와
비상했던 흥분을 감춰주고
넓은 호수는 평화롭게
오리떼의 향수를 감싸준다네

좋은 기억은 어디에 두고

정으로
좋은 기억을 하나 쌓고
사랑으로
둘 쌓고
안쓰러움으로
셋 쌓고
그렇게 그렇게
열 개를 쌓으며

파란 하늘을 열어주었더니
그대는 백 개를 쌓은 듯이
천사처럼
하늘을 날더니만

먹구름 하나 만나고선
모든 걸 잊은 채
날개를 접고
하늘을 원망하더라

구름은 흐르고 파란 하늘은 그대로인데

그 많던 좋은 기억은 어디에 두고
구름 한 조각에
하늘을 닫는가

좋은 기억은 바위에 새기듯
나쁜 기억은 바람에 날려버리듯
세상을 꽃처럼
향기롭게 살면 좋을 텐데
왜 이럴까
세상이 왜 이러는 걸까

홍시

가을철 감나무에서 따먹던
달콤한 홍시

친구가 보내준 대봉시가
베란다에서 빨갛게 익어간다

떫은맛 없어지고 속까지 달콤하게
우리네 우정도 익어간다

익은 홍시를 골라서
아내와 저녁마다 먹으니
묵은 애정마저 달달해진다

한겨울 냉장고에서 꺼내어먹는
홍시의 맛은
천천히 녹여 먹어야 하는
감미롭고 시원한 샤베트 같은
사랑의 맛이다

하늘의 계산

오늘따라
나는 산을 오르고
도토리나무 밑을 지나가는 그때
거센 바람이 홱 불고
도토리 한 알이
내 머리 위에 툭 떨어진다

세상에
이렇게 도토리에 맞다니
이건,
알 수 없는 하늘의 계산

분열을 넘어 통합으로

우리는 왜 하나가 되지 못하고
미워하며 흩어져 살아야만 하느냐

얼마나 더 할퀴고 찢겨져야
가슴이 아프겠느냐
얼마나 더 부딪치고 깨져야
피눈물을 흘리겠느냐

우리는 옛날부터 흩어져 살아왔기에
괜찮단 말이냐
우리는 지금까지 하나 되어 앞서본 적이 없기에
체념한 것이냐

계곡마다 흐르는 물줄기도
산을 넘어 장강으로 모여들고
반짝이는 별들도 어둠이 오면
은하수를 건너 밤하늘에 모여드는데

이제 우리가
산봉우리가 되고 싶다면

생각을 한번 크게 바꿔보자
익숙함을 버리고 새로움을 시작하자

거친 바람을 뚫고 광야를 달려
우리의 마음이 하나가 되는 그날까지

분열을 넘어
통합으로 가자

소낙비 내리는 산길

하늘을 가로질러 천둥소리를 내야만
세찬 소낙비는 만들어지는가

하늘을 찢어놓을 듯한 번개를 내리쳐야만
거친 소낙비는 쏟아내리는가

기별 없이 몰아치는 소낙비에
산길 오르는 발걸음은
정자에 갇혀 초연한 듯 하늘을 노려본다

천둥소리와 번갯불에 놀란 어린 새는
헝클어진 세상이 무서워 벌벌 떨고 있고

언덕을 넘어오던 바람은
갈 길을 잃고서
나뭇잎 속에 숨어 꿈쩍을 않고 있는데

짧고 굵게 살다간 영웅처럼
한여름 소낙비는
혼탁한 세상을 한바탕 시원스레 흔들어 놓는다

4부 불타는 여명

새봄

숲속 꼬부라진 오솔길 따라
찬 바람이 불어오고
햇살은 축 늘어져
아직도 잔설을 치우지 못하고 있다

개울가 얼음장 밑으로
물 흐르는 소리 점점 크게 들리고
돌 밑에 잠자던 개구리도
슬슬 몸을 풀기 시작하는 겨울 끝자락에

이제는 거친 하늘의 얼굴에도
따뜻한 온기가 퍼지고
풀뿌리 감싸주는 흙도
보드랍게 부풀어 오르기 시작하는데

긴 밤 추위에 움츠리던 소쩍새의 날개에도
겨울을 이기고 나온 매화의 꽃망울에도
새봄은 소리 없이 움트고 있나 보다

살아서는 찾아내지 못할 것 같은

소망의 꽃도 피어오르고
겨울 내내 머리맡에 매달려 있던
먹구름도 서서히 걷히니

나 이제 추위를 떨치고 어둠을 나서야겠다
이 그리움
이 소중한 꿈을 찾아
새봄을 맞이하러 가야겠다

해바라기

나는 따뜻한 햇님만 보면 좋아서 웃지
햇님은 언제나 나를 잊지 않고
비춰주기 때문이야

햇님이 다른 꽃들한테
어떻게 하는지는 중요하지 않아
사랑스런 햇살로
내 마음이 행복해진다면 그걸로 충분해

나를 위한 햇살이 늘 고마워
나는 일편단심으로 그렇게 생각하며 살 뿐이야

구름 속에 가려 햇님이 보이지 않아도
나는 님의 그 뜨거운 사랑을
온몸으로 느낄 수 있어

햇님처럼 너도 언제라도 나를 가슴 뛰게 해준다면
나는 기꺼이 너를 위한
해바라기가 되어줄 수 있지

늙어가는 것

늙어가는 것은
꿈을 잃어가는 것이다

늙어간다고
나이 탓하지 마라

나이를 먹어서 늙어가는 것이 아니라
생각이 늙어가는 것이다

그대여 젊어지고 싶거든,

생각을 꿈으로 채워라
생각을 바꿀 용기를 가져라
즐거움이 없는 무료한 일상을 벗어나라

아픈 추억

아픈 추억은 신나게 다닐 땐
소리 소문도 없더니만
혼자 있으면 불청객처럼 잘도 찾아오더라

다가가면 사라지고 돌아서면 다시 오는
끈질긴 그림자가 되어
오늘도 해질녘 창가를 서성거리고 있다

이제는 조금 가벼워진 아픈 추억에
이쁜 색깔을 입히고
밝은 눈으로 따져보고
나를 위해서라도 미움의 굴레에서 벗어나
내가 먼저 자유로워져야겠다

아픈 추억을 빨리 잊어버리고
새로움으로 채우는 것은
일종의 능력이기도 하고
어쩌면
세상을 살아가면서 필요한 일이기도 해

오늘 잠 못 이루는 침상에
아픈 추억이 찾아와 가슴을 아리게 하면
행복한 추억을 꺼내어 덮고
상처를 달래면서
하늘의 뜻인 양 어른스러워져야지

그래도 쉬이 물러나지 않으면
잘게 잘게 조각내어 바람에 날려버릴 거야
점점 희미해지고
마침내 흔적마저 지워지면
아픈 추억은 이제 더 이상
나에겐 아픔이 아니게 되는 거야

파도의 외침

태초에 바다는 더할 나위 없이
깨끗하고 푸르렀을 것이다
물결 하나 없는 잔잔함과
바람 한점 없는 시원한 평화가 흐르고 있었을 것이다

그러던 언젠가부터 바다는
사람들이 살고 있는 땅이 버리는
오염과 공포에 시달려야 했고
견딜 수 없는 고통으로 괴로워하기 시작했다

사람들의 더러움과 뻔뻔함이 밀려왔고
거짓과 불신이 밀려왔다
사랑을 깨뜨리는 분노와 질투가 밀려왔고
미움과 싸움이 밀려왔다

바다는 평화를 잃은 슬픔에 힘든 세월을 보내야 했고
살기 위해서 몸부림을 쳐야 했다
어쩔 수 없이 사람에게 항의하기 위하여
파도를 보내야만 했다

파도는 바다가 바다 방식으로 표현하여 보내는
간절한 외침인 거다
저 먼바다에서 밀려와
밤낮없이 바위에 부딪치고 또 부딪치면서
사람들에게 항의하는 절규의 외침인 거다

우리는 파도의 간절한 외침을 들어야만 해
바다의 견딜 수 없는 공포를 멈추게 해야만 해

이 절규의 외침을 무시하고서
바다의 거친 성냄을 봐야만 하겠는가
거센 폭풍우나 세상 뒤집히는 쓰나미를 만나야만
바다의 무서움을 알겠는가

땅에 사는 사람들아
이제 깨끗함과 순수함을 지녔던 향기로운 그 처음으로 가자
다시 사랑과 평화가 넘치던 에덴동산의 그 모습으로 가자

태초의 그 시절로 가서 바다와 땅이 함께 호흡을 맞추며 살자
서로 마음을 헤아려주며 손을 맞잡고 살자

기회는

기회는
보이지 않아서
찾기가 어렵고

긴가 민가 해서
알아내기도 애매하고

너무나 빠르기에
붙잡기도 힘들더라

그래서
기회를 그려본다면
도깨비 모양이 아닐까

오직 준비와 용기만이
이런 도깨비 같은 기회를
잡을 수가 있겠지

사랑이 넘치기에

사랑합니다

내 일상의 소소한 모든 것에
당신의 향기가 베여있습니다

당신이 없으면
살아갈 이유가 없습니다

다시 태어나도
당신을 또 사랑할 것입니다
,
,
,
사랑이 넘치기에

얼굴표정

서로 부대끼며 살아가는
사람들의 얼굴표정처럼

세상을 골고루 보살펴야 하는
하느님의 얼굴표정도 여러 가지

기분 좋을 때는 구름 한 점 없이 맑게 웃고
더 좋을 때는 푸르게 푸르게 해맑게 웃어

기분이 꿀꿀하면 온 하늘을 구름으로 뒤덮고
더 꿀꿀하면 먹구름으로 찡그리고

심심하다 싶으면
맑은 하늘에 뭉게구름으로
멋진 그림을 그리고

장난치고 싶으면
온갖 구름들을 불러 모아
뒤섞여 휘저어놓고

심술 나면
비구름을 잔뜩 쌓아놓고
인상을 구기고

성질나면
천둥 번개로 분에 못 이겨
제 얼굴을 찢어놓더라

하늘표정은 구름 한 점 없는 맑은 날보다
몽실몽실 뭉게구름이 있어야 더 이쁘더라
그런 하늘에는
아름다운 꽃무늬가 피어있어 좋고
땅에는 쉬어가는 그늘이 있어 좋더라

사람표정에도
다른 사람의 그늘이 되어주는
그런 넉넉한 표정이 있어야 좋더라

화내서 미안해

잠이 안 오네
마음이 몹시도 무겁네
내가 미워 죽겠네

그대에게 문자를 보내려다 말고
다시 지워버렸어
문자로는 어쩐지 내 마음을 전하기엔
부족할 것 같애
내일 전화를 하고 직접 만나서
말해야만 될 것 같애

너무 미안하기 때문이야
그대가 나를
그런 사람으로 여길까 두려워

즐겁게 데이트하다
사소한 일로 화를 내고 돌아선
내가 너무 밉고 부끄러워
내 마음 나도 모르겠어

아껴주어야 할 그대에게
다른 사람보다 더 화를 내서는
안될 그대에게

왜 그랬을까
왜 그리 쉽게 화를 냈을까
정말 바보 같은 짓을 했나 봐
다시는 그러지 않을 거야

미안해
정말 미안해
화내서 정말 미안해

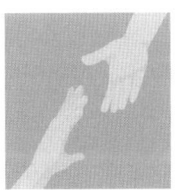

얼룩말을 보면서

얼룩말을 보면서 생각합니다
얼룩말은 왜 얼룩달룩합니까

얼룩말은
당나귀입니까 말입니까

얼룩말은
하얀 바탕에 검정이 있습니까
검정 바탕에 하양이 있습니까

속살은
하얀색입니까 검정색입니까

어지러운 세상이
안갯 속처럼 마냥 헷갈리고 헷갈립니다

진실은 무엇이고 또 거짓은 무엇입니까
나의 몫은 어디에 있고 또 당신 몫은 어디에 있습니까
내 편은 누구이고 아~ 당신 편은 누구입니까

새로운 변화

범선이 바람 따라 돛을 바꾸어야 하듯
우리도 가야 할 푸른 꿈 따라
삶을 바꿔야 하지

변한다는 것은
살아남기 위한 거고 강해지기 위한 것이기에
그것은
성장하려는 변화이지 안주하거나 변질은 아닌 거야

그래서
언덕 위 소나무도
몸을 뒤틀며 햇빛 따라 가지를 틀었고
정글에 사는 카멜레온도
긴 세월 몸부림치며 색깔을 바꾼 거야

지금과 다른 나를 위해 꿈을 한번 크게 가져 봐
가다가 거친 바람이 불면
새롭게 변하고서 또다시 가면 되잖아

불타는 여명

세상이 땅을 식히며
어둠에 갇혀 고요할 때도
동녘의 하늘은 선잠을 자고 있다

새벽이 오기 전 어둠이 조금 걷힐 때에
동녘의 하늘은
저 멀리서부터 기지개를 켜고
하늘을 열 준비를 한다

새벽이 서서히 다가와
긴 시간을 조용히 머물 때
흰구름 두둥실 떠있는 동녘 하늘은
석양노을보다도 훨씬 눈부시도록
붉고도 곱게 물들기 시작한다

잠에서 깨어나
꿈같이 불타는 저 여명을 보라
황홀하도록 붉은 여명을 보고 있으면
저기가 바로 천국인가도 싶다

동녘의 일출에 소원을 빌고 싶거든
형언할 수 없을 정도로 곱디고운
불타는 여명에게도 소원을 빌어보라

맑은 하늘에 뜨는 일출은
차라리 밋밋할 뿐이다
흰구름 붉게 치장한 여명을 뚫고 나오는
이런 일출이야 말로
천국에서나 맛볼 수 있는
경이롭고 가슴 벅차오르는 일출이다

코골이의 고민

코골이는 고민스런 밤의 불청객
옆방에는 그르렁 쾅쾅거리는
낡은 트럭의 고개 오르는 소리

혼자 자면 본인마저 들리지 않는 고요한 자장가 소리
같이 자면 온 동네를 깨우는
야간훈련 탱크 지나가는 소리

제일 늦게 자면 그나마 다행일 텐데
코골이는 눈치 없이 제일 먼저 침상에 오르네

자기의 코골이는 조금 미안하지만
다른 사람의 코골이는 죽어도 못 참아

오늘 밤 수련회는 베개를 부여잡고
이것도 운명인 양
하얀 밤을 지새워야 하는
고통의 밤이 되네

연 날리기

소망을 싣고
상처를 딛고

하늘 높이
연이 날고 있다

좌우 날개에
웃음을 달고

바람이 부는
쾌청한 날에

냅다 달리며
연을 끌어올렸다

어제는 어설퍼 꼬구라졌는데
오늘은 훨훨 날아올랐다

집착은 사랑이 아니야

우리 사랑은 봄날 아지랑이 피어오르듯
따스하고 아롱거리며

날마다 뜨겁게 불타올라
가슴을 태웠지

한없는 기쁨으로 두 손 맞잡고
하늘을 날으다가

이 사랑이 너무나 탐스럽고 소중해서
혼자만 간직하고 싶고
행여 깨질까 조바심도 났지

이런 욕심이
어둠처럼 소리 없이 다가와
점점 커져가더니만

언제부턴가 그 사랑은
너보다 나를 먼저 생각하는 아픔이 되었고
너의 마음을 옭아매는 구속이 되었지

너를 위한 사랑이라면
이렇게 아름다운 사랑을 가두지 말고
훨훨 날 수 있게 해주어야 했는데

빗나간 사랑으로
너를 아프게 만들었으니
가서는 안될 슬픈 집착이 되고 말았어

이제와 생각해보니
집착은
사랑이 아니라 이기적인 욕심이었어

농부

한낮에 산비탈 따라 고구마밭 쟁기질
바람은 간데없고 그늘 없는 대지에는 땡볕만 쨍쨍

농부는 한더위로 땀 속에 지치고
느려진 황소는 긴 침만 줄줄 흘린다

힘든 이 쟁기질 어느 누가 하는 걸까

쟁기 잡은 농부인가
쟁기 끄는 황소인가

고구마 팔아 돈 받는 큰아들인가
고구마를 쓸어 담는 가을인가

아마도 산비탈을 지켜온 고구마밭은 알고 있겠지
작년의 그 세월도 알고 있을 거야

뙤약볕 하늘에 지친 농부는 쟁기는 접어둔 채
점심을 이고 오는 아낙네의
맛있는 바구니만 목 빠지게 바라보네

화답

화분에 잊지 않고 물을 주었더니
기분 꿀꿀한 아침에
화사한 꽃이 피어
나에게 기쁨을 주었습니다

여러 사람 앞에서
친구의 아름다운 선행을 칭찬해주었더니
알리지도 않는 생일날에
먼 길 달려와 점심을 사주었습니다

웃음은 웃음을 부르고
사랑은 사랑을 부르고

배려는 배려를 부르고
도움은 도움을 부르고

주고받는 고운 마음이 넘치고 넘쳐
조화로이 흘러가는
화답의 강을 보았습니다

외로움

외로울 때면 나는 차라리 낮보다 밤이 좋다
모두가 잠든 고요한 밤이 되면
밤도 외로워 쓸쓸해 보이고 우리는 서로 친구가 된다

밤에는 외롭다고 슬피 울어도 듣는 사람이 없어서 좋고
숲속에 산새마저 깊이 잠이 들어 맘껏 울어도 된다

밤에는 외로움이 외로움을 불러와 더욱 외로워지고
슬픔이 슬픔을 불러와 한없이 슬퍼진다

그래도 홀로 남겨진 길목에 별은 떠있고 별빛이 흐르고
나를 닮은 반짝이는 별과 눈이 마주칠 때면
그 별이 내 가슴에 들어와 친구가 되어준다

이 외로움도 언젠가는 무수히 많은 별들처럼
알알이 조각이 날 거고
조금씩 조금씩 닳아지고 희미해져서 영영 사라질 거다

소나무 분재

화분 안에서 소나무가 춤을 춘다
100년의 세월을 지켜온
빼어난 모습으로 춤을 춘다

온갖 풍상을 다 겪어오면서
흥망성쇠를 쭉 지켜보면서
세상 노래를 푹 들어오면서

뻗쳐오르는 기운을 피눈물로 참아내며
푸른 잎들의 소곤거림도 모질게 외면하며

하늘마저 슬픈 기나긴 100년 동안
성장의 고통을 안으로 안으로 쌓고 나서야

이제 멋진 소나무 분재가 되어
세상에 둘도 없는 희열을 맛본다

제 한 몸에 산천초목을 다 담아
곱디 고운 자태를 한없이 뽐낸다

웃으며 살아요

웃으면
왠지 즐거워지고 주위가 밝아져요
웃으려면
생각부터 민들레 풀씨처럼 가벼워져야 하고요
그러면 어디로라도 멀리멀리 날아갈 수 있지요

아픈 마음도 잘게 쪼개보면
그 속에는 없는 줄만 알았던 웃을 일이 있고요
고된 일도 잘게 쪼개보면
그 속에도 웃을 구석이 남아있어요

아프고 지친 삶이 힘들다 해도
우리가 여유를 잃어버린 것이지
그 삶이 웃음을 모두 빼앗아간 건 아니잖아요

세상을 살아가면서
행복의 문을 열기 위해서는 조금의 노력이 있어야 하죠

오늘부터 우리 일부러라도 웃을 일을 찾아보기로 해요
사소한 일에도 웃으며 살아요

고민이 사라지면

세상의 고민을 혼자만 짊어진 듯
얼굴에 어두운 그림자를 담고 살지는 마

고민 없이 사는 사람이 어디 있으랴
누구라도 고민을 줄이며 견디고 사는 거야

부질없는 것들을 마음에 두지 마
강물은 온갖 쓰레기를 흘려보내기에
깨끗하지 않더냐

일어나지 않을 것이나 이미 끝난 것은
고민해도 필요 없어
너무 다른 사람을 신경 쓰거나 사소한 것까지
고민하는 한가한 세상도 아니잖아

고민보다 더 무서운 것은
매사에 결정 않고 허우적거리는 것이니
두려움 없이 결단하고 부딪쳐보는 거야

죽기로 작정하고 간다면
깜깜한 밤길인들 무엇이 무서우랴

마음을 좀먹던 고민이 사라지면
가슴도 시원하고 하늘도 파랗게 보이더라

보름달

보름달을 오래 보고 있으니
내 가슴 속으로 빨려들어와서는
점점 부풀어 올라
마음이 벅차오르도록 환해진다

밝지도 어둡지도 않는 은은한 빛은
꺼지지 않는 나의 촛불이 되어
주위를 아늑하게 비춰준다

초승달을 바라보면 왠지 쓸쓸해지지만
보름달을 가슴에 안으면
옛 생각이 떠올라 그리움으로 차오른다

둥근 얼굴을 가진 우리 어머니가
아마도 보름달에 살고 계실 것만 같다
정화수 떠놓고 달님에게 빌던
어머니의 뒷모습이 아련히 다가온다

무슨 사연이 많아 그토록 오래오래
소원을 비셨을까

당신의 소원을 한 번이라도
빌기나 하셨을까

나는 아무리 소원을 빌어도
달님의 소리가 들리지 않던데
우리 어머니는 어떤 마음으로
달님과 이야기를 주고받으셨을까

그대 향기롭더라

그대의 말 한마디
따뜻하고 다정하여
들을 때마다 위안이 되고

그대의 말 속에
진심과 올바름이 들어있어
가슴을 울리는 감동이 있더라

허풍을 떨지 않는 그대는
더도 덜도 않는 필요한 말만 하기에
시끄러워 돌아설 이유도 없고

언행이 똑같고 저속하지도 않는 그대는
비난이나 상처를 주는 말을 하지 않기에
넉넉한 인품에 믿음이 가더라

그래서
그대가 머무르는 자리는 언제나 빛이 나더라
그대가 내뿜는 향기는 천리만리 퍼져 나가더라

이것은
오천만 가슴에 피는
꽃 중의 꽃인 무궁화꽃이요
사철 푸르른
난 중의 난인 군자란이더라

꽃처럼 아름다운 말을 가진
그대는
늘 향기롭더라

기차가 거꾸로 달리는 듯

어느 봄날
기차에 몸을 싣는다
역방향 좌석에 앉으니
기차가 거꾸로 달리는 듯하다

스쳐 지나가는 차창 밖 풍경은
다가오는 게 아니라
점점 멀리 사라져 가고
살아온 긴 인생이 철길 따라
자꾸만 거꾸로 흐르는 것 같다

정방향으로 타고 갈 때는
직진이라 여겼는데
역방향으로 타고 뒤를 보니
지나온 길이 우리네 인생처럼
굽어진 길의 연속인 것 같다

물살 거슬러 오르는 강인한
연어의 본능으로
희미한 별빛에 밤길 재촉하는

사슴의 설렘으로

먼 길 지나온 나그네의 여정이
주마등처럼 떠올라
눈을 살포시 감고
쉰...마흔...서른...열...나이 때의
세상을 거꾸로 더듬어 보니

오르내린 기나긴 인생이
운명의 끈에 실려온
한 폭의
아름다운 무지개였나 보다

인생은

여보시게

살다가
가슴 시리게 바람이 불어와도,

인생은
궁(窮)
즉(則)
통(通)
이라네

포기하지 말고 일어나시게.
힘내보세^;^

삼세번

뭐든지 삼세번이라 했던가
어쩜 그런 묘수가 있던가

한 번은 서툴러서 엉망이라 부족할 거고
두 번은 아쉬워서 미련이 남을 거고
네 번은 할 만큼 했으니 지치고 힘들어

삼세번은 그러니 삼세번은
부족하지도 않고
넘치지도 않을 신의 묘수가 아니런가

머리에 이고 온 소망의 길도
삼세번이라면
이제 비워주고 떠나도 후회는 없을 터

오랫동안 찾지 못했던 꿈들이 사는
아기자기한 동산에 올라
새로운 노래를 부르며 살아도
이 또한 즐거움이 아니겠는가

봄가을은 어디로 갔나

따뜻한 봄은 어디로 갔나
시원한 가을은 어디로 숨었나

여름이 봄을 삼켰나
봄 향기가 살포시 여름한테 안겼나
겨울이 가을을 감쳤나
가을바람이 살랑살랑 겨울한테 꼬리를 쳤나

꽃이 그래서 빨리 시드는가
단풍이 그래서 소리 없이 떨어지는가
빼앗긴 봄에도 꽃은 피는가
잃어버린 가을에도 단풍은 물드는가

우리는 함께 있을 때는 소중한 것을 잊고 지내다가
잃어버리고서야 왜 아쉬워할까

아직도 산자락 끝에 봄가을의 따스한 햇살이
머뭇거리며 조용히 기다려주고 있을 때
다시는 마음에 후회가 남지 않도록
설레는 미소로 너와 함께 아낌없이 시간을 보내야겠다

새싹

새싹이 나오네
부끄러운 듯 신기한 듯
새싹이 흙 틈새로 고개를 드네

얼마 전
멍든 마음이 조금은 이뻐질까 맨드라미 심었는데

언제 나오려나 기다리고 또 기다리고
보고 또 쳐다보고

이제는 글렀나 보다
낙담하고 돌아섰는데

아니네 아니네 드디어 나오네
반가움에 미소가 저절로 나오네

아침에 갔던 발걸음이 나도 모르게
새싹한테로 또 가네
행여 새싹을 밟을세라
걸음마저도 새색시가 되네

배려하는 마음

어느 때부턴가 장거리 버스를 타면 멀미가 생기고
기력은 말라가는 낙엽처럼 시들어만 갔네

앞좌석은 다행이고 뒷좌석은 좌불안석이었네
버스를 탈 때면
긴장이 먼저 타고 멀미를 불러오더라구

오늘도 멀미 몰래 단체연수 관광버스를 타려는데
버스를 보자마자 멀미가 앞장서네

꽉 찬 만원 버스를 보자마자
멀미 걱정에 현기증이 어질어질
싸늘한 실망을 안고 뒷좌석으로 가는데

멀미를 걱정해준 어디선가 들리는 구원의 외침
앞줄 한켠에 비워둔 좌석 하나

일부러 남겨둔 따스한 손길
배려하는 마음을 가득 싣고서
버스는 쌩쌩 즐겁게 달려가네

나의 선택

사랑할 땐
아낌없이 다 주다가
돌아설 땐
쳐다도 안 봐

그러나 사랑이 식을지라도
미움이나 후회 말고
또 다른 무언가가 있어야 만이
한때 뜨겁게 사랑한
의미가 있지 않을까

그건,
나의 선택이었고
나의 인생이자 나의 추억이지

그리워한다는 것은

그리워한다는 것은
아직도 사랑이
남아있다는 것입니다
그러니 그리움을
마음 속에 고이 간직하세요

그리워한다는 것은
언젠가 만날 약속이
남아있다는 것입니다
그러니 그리움을
뜨거운 가슴으로 사랑하세요

사랑이 이렇게 소중한 것인 줄
왜 떠나보내고서야 알게 될까요

흔들리지 않을 귀한 사랑이
다시 가슴에 자라고 있어 다행입니다

그리워한다는 것은
옛날처럼 아침을 함께 할

설렘이 남아있다는 것입니다
그러니 그리움을
날마다 반갑게 맞이하세요

그리워한다는 것은
우리가 만나면 나누게 될
이야기들을 이어주고 있다는 것입니다
그러니 그리움을
늘 가까이 두고 불러주세요

사업은 애국

사업의 길은
누구라도 갈 수 있는 길이지만
그러나 아무나 성공할 수 있는 길은 아니야

다른 사람이 가면 쉬워 보이는 길 같지만
그러나 내가 가면 무척이나 고된 길인 거 같애

어느 땐 따스한 봄날에 웃음보따리 들고
나들이 가는 것처럼 풍요로운 모습일 때도 있지만

때로는 수많은 식솔들과
바람 부는 광야를 건너가는 것처럼
고통스러운 모습일 때도 있어

사업하는 사람은 수시로
천당과 지옥을 구경하며 살아가지
깊은 수렁에 빠지기도 하고
언제 끝날 지도 모를
불안한 어둠의 시간에 갇히기도 해

사업이라는 것은
우리들에게 일용한 빵을 주는 것이고
가족 간 웃음이 흐르는 삶의 터전을 주는 것이야

부강한 나라를 위해 곳간을 채워주는 것이고
세계무대를 당당히 활보할 수 있도록
자긍심과 위상을 높여주는 것이야

그러니
칭찬에 인색한 세상 사람들아
이제 마음을 좀 열어주면 안 될까

이웃과 함께 하는 정도(正道)의 사업은
우리들이 아끼고 지켜주어야 할
소중한 보배야
한 점 부끄럼 없는
자랑스러운 애국인 거야

용기를 주는 말

'울릉도에 있는 한 시간 거리의
가파른 봉래폭포
조금 힘들지만 올라갔다 오세요'

울릉도 버스기사님의 안내 소리가
지친 발걸음을 바위처럼 더 무겁게 만든다

더러는 처음부터 아예 포기해버리고
더러는 오르다 멈추고 만다

'울릉도가 자랑하는 제일 큰 폭포
힘들지 않으면서
재밌게 갈 수 있는 4단의 폭포
물소리 새소리 바람소리에 취하면서
꼭 봐야 하는 울릉도의 유일한 폭포'

이렇게 안내를 해주었다면
힘들 듯 모르는 듯 모두가 올랐을 텐데

마음을 움직이게 하고

기분도 좋게 만드는
그런 용기를 주는 말은

어려운 것도 덤벼들게 만드는 힘이고
여린 마음도 굳세어지게 만드는
마술 같은 것인데 말이야

심마니

심마니들은 산에서 삶을 얻고 일상을 보내고
때 묻지 않는 자유를 누리기에
그들은 하루라도 산을 오르지 않으면
좀이 쑤시나 보다

주변 산등성이와 계곡들이
그들의 머리 속에 촘촘히 그려져 있을 거고
지난날 산삼을 캤던 자리와
어린 새싹들이 자라던 모퉁이도
기억 속에 새겨져 있을 거다

초짜 심마니들은 산이 돈으로 보이지만
진짜 심마니들은 산이 여유로운 안식처요
즐거운 놀이터일 거다

초짜들은 온 산을 헤집어놓고
조급한 발걸음으로 산짐승도 쫓아내지만
진짜들은 산을 보호하고
미래를 심어놓고 내려오는 거다

초짜들은 산삼을 더 많이 캐려
욕심을 내다가 발목을 다치지만
진짜들은 산이 허락해 주는 것만
감사히 챙겨오는 거다

삶의 터전에서 돈과 일과 사람 사이를
부딪치며 살아가는 우리네 인생에도
초짜인생과 진짜인생이
뒤엉켜 서글프게 굴러가는 걸 본다

봄이 떠나가네

봄인가 쳐다보니
이미 봄은 와 있고

봄을 즐기려 하니
벌써 봄은 떠나가네

세상살이에 시달려
봄을 잊고 살다가

이제야 허리 펴고
노래하며 살까 했더니만

기다려 주지 않고
야속하게 떠나가네

지친 어깨에
찬바람 불던 봄날에도
조금씩 즐기며 살 걸 하고
후회를 하네

자전거 타기

자전거를 탄다는 건
신나는 일이지만

누구라도 처음엔
수없이 넘어지며 배워야 해

자전거는 달려야만이
넘어지지 않듯이

인생도
넘어지지 않기 위해서는
멈추지 말고
달려야만 해
두 바퀴 위에서 꿈을 꾸면서

마음 읽기

몇 번 보고 우리는 마음이 통한 듯하여
쉽게 친구가 되었고
그 마음 키우고파 약속을 잡았네

그날을 기다리면서
마음은 벌써 만나고 있었고
무슨 얘기가 우리의 정을
더 깊게 만들어줄까 생각하며 들떠 있었네

애틋한 마음으로 약속한 그날을 맞았는데
급한 일로 나중에 보자는
성의 없는 짧은 카톡만 날아왔네

우리 만남이 진지할 거라 기대했는데
어려운 부탁을 쉽게 하며 살아온
그대의 세상살이를 받아주지 못한 것이
탈이 났나 보네

그래서 더 이상 만나고 싶지 않아
핑계를 대는가 싶었고

사람을 보려 하지 않고
이익을 재는가 싶었네

얄팍한 그런 모습은 군자의 향기가 없는
장사꾼처럼 보였고
세상을 바람 따라 가볍게 사는 것 같아
측은하게 느껴졌네

살아가면서 함께 의기투합하며
정과 의로 만나야 하거늘
이익과 계산으로 이곳저곳을 찾아다니는
모습은 결코 향기로운 인생이 아니잖는가

강남제비 몇 마리 날아오면
조만간 봄이 올 줄 아는데
사람의 마음을 읽는다는 것이
왜 이리 어려울까 하고 서글퍼졌네

자연을 담은 수석 앞에 서면

마주치는 눈길이 다 사랑이 아니듯
강변에 널려있는 돌들도
다 수석이 아니더라

수석이 되려면
무심한 돌들 중에 멋있는 풍광을
닮고 싶은 마음이 지극해야 하고
세찬 비바람에 수없이 제 한 몸을
깎이고 다듬을 줄 알아야 하더라

수석이 되려면
단단한 돌들 중에 진귀한 무늬를
넣고 싶은 정성이 넘쳐나야 하고
눈물을 삭이며 제 속살을 도려내어
형형색색의 모양을 채울 줄 알아야 하더라

영롱한 진주도 조개가 눈물겨운 고통을
이겨내며 만들어내듯이
영광도 힘든 고통을 참아내며 만들어야
진정한 영광이더라

땀을 흘리고 난 다음에 맛보는 휴식이
달콤하듯이
어려움을 견뎌낸 후에 느끼는 행복이
소중하고 단단하더라

시간 가는 줄도 모르고
아름답고 윤기나는 수석을 바라보고 있노라니
샘물처럼 맑고 산새처럼 자유로운 영혼으로
저 금수강산을 거닐고 싶다

자연을 담은 수석 앞에 서면
한 마리 순한 양이 되어
마음에는 조용한 평화가 찾아오고
세상을 찬미하는 온유한 시인이 된다

해후

한동안 보지 못한 당신을 만나
밤 깊어 가는 줄 모르고
술잔을 기울이니
행복한 마음이 온몸을 감싸온다

술잔에 잠겨있는
당신의 모습을 생각하며
그윽한 향기에 빠진다
감미로운 사랑에 취한다

그리워하다 마시는 술이
이리도 달콤하던가
당신의 이름을 부르며
가슴 아파하던 밤이
어디 한두 번이었던가

아름다운 밀어를 시샘하는
밤하늘의 별들이
사랑스런 당신의 눈에
점점이 쏟아진다

물 떨어지는 소리

똑 똑 똑
허공을 가르는 소리

최강 한파에
수돗물 얼지 말라고

밤새워 수도꼭지에서
물 떨어지는 소리

다섯 식구
먹여 살리려

바람 센 엄동설한에
일터로 나간

착한 우리 남편
힘내라고

가슴을 두드리는
애달픈 소리

온북스
ONBOOKS